SILENT TENANTS
/ INQUILINOS MUDOS

por / by
Alberto Roblest

translated by
Maritza Rivera

INQUILINOS MUDOS / SILENT TENANTS © Day Eight, 2023

All poems in the book © Alberto Roblest, 2023

All english-language translations in the book © Maritza Rivera, 2023

Cover art © Alvaro Sanchez, used by permission

Book design by Shannon Pallatta

"EARLY" RESPONSE TO SILENT TENANTS

From the cement of our streets to the wounds in the heart—Alberto Roblest's poems, translated by Maritza Rivera, are fully alive. Roblest's soul brings us together with each poem, making us less lonely.

Grace Cavalieri
Maryland Poet Laureate

We the people will love these poems. They connect us to the native tribes of Aztlan before the Europeans arrived and before we rode the subway to work or wherever our dreams took us. There is a poem for Clara, the cleaning lady and other poems that ride up and down on elevators in high buildings. Alberto Roblest restores the face of the "emigrant" whose language is no longer invisible. Now and then poems in this book tip their hat to Octavio Paz. Roblest has given us work that remind us to take our medication. Don't you want to be well?

E. Ethelbert Miller
Writer and literary activist

These poems sing off the page in two languages, then pull you into their orbs of sound and magic. Theirs is a powerful lyric, strong figurative language—the magical and the abstract—and the timbre of what's going on socially, politically, and culturally with so many of us rings through all of them. The poems in *Silent Tenants*, in fact, almost challenge us to look differently, to be present differently. They dance up against the city and one another to be in many worlds at once, those many worlds that We as Other tend to inhabit frequently and without pause.

Naomi Ayala
Author of *Peces que se escapan / Escaping Fish*

Picture a set of young twin teens at a Latin Carnival curiously exploring a fun house hall of mirrors and you will be prepared to engage with the poetry of Silent Tenants. The cultural duality and juxtapositions in the book dance with each other fluently without losing the reader in the rhythm. Roblest proves to be a great instructor and guide through this course on how poetry can be beautiful in multiple languages.

Dominic McDonald
Author of *I'd Rather Be Called a Nerd*

Alberto Roblest invites us into spaces we are familiar with and makes them fresh — the train, the doctor's office, the dreams we wish we had and the nightmares we are glad to be without. These poems are short films where color, character, dialogue, and setting, speak to you intimately. This book is a house, each poem a room, and Roblest allows the reader to stand in the middle, silent, so you don't miss anything.

Sami Miranda
Author of *Protection from Erasure*

"The Tower of Babel is broken," says Alberto Roblest at the start of his collection, but Roblest has begun the crucial work of rebuilding it. This masterful book, ably translated by Maritza Rivera, gives voice to immigrants, workers, the often invisible travelers through the city. "I'm at a point, Roblest writes, "where time is at a standstill/learning another language/I'm a silent tenant in a building of words/a skyscraper/a Babel/Around me a reflection." As readers, we can be thankful that this poet has chosen to break his silence.

Gregory Luce
Author of *Riffs & Improvisations,* and four other collections.

Silent Tenants is a powerful, moving, necessary collection of poems populated by "those who arrived from the Continent of Nothingness." I will not soon forget Clara, who "affectionately hugged herself/and what was left of her shadow," or the man who "heard salsa for an hour after he died." Beautifully crafted, these poems surprise the reader like a great dot—or perhaps a comma—falling from the sky, and implore us to take notice. There is a lot at stake here; we would be wise to pay attention.

Lesléa Newman
Author of *I Carry My Mother* and *I Wish My Father*

INQUILINOS MUDOS / SILENT TENANTS — INDEX

I

EVOLUCIÓN IDIOMÁTICA / IDIOMATIC EVOLUTION	2 / 3
BAILE DE SOMBRA / SHADOW DANCE	4 / 5
SUPER 8 POEMA / SUPER 8 POEM	8 / 9
DOS MOMENTOS — DOS CIUDADES / TWO MOMENTS — TWO CITIES	10 / 11
BILINGÜE: FRASES ESPARCIDAS — LETRAS / BILINGUAL: SCATTERED PHRASES — LETTERS	16 / 17
DEDICATORIA / DEDICATION	22 / 23
LA HISTORIA QUE SE CUENTA / THE STORY THAT IS TOLD	24 / 25
A TODO COLOR / IN FULL COLOR	28 / 29
MEDICADO / MEDICATED	32 / 33
HOMENAJE A OCTAVIO PAZ / HOMAGE TO OCTAVIO PAZ	36 / 37
AMOR RECÍPROCO / RECIPROCAL LOVE	40 / 41
EL PUNTO Y EL RELATO / THE POINT OF IT ALL	42 / 43
MÚSICA PARA LOS OIDOS / MUSIC FOR LISTENERS	46 / 47

II

EMIGRADOS / EMIGRANT	52 / 53
EL HILO DE LOS DÍAS / THE THREAD OF DAYS	56 / 57
PROMESAS INCUMPLIDAS / BROKEN PROMISES	58 / 59
HABLANDO DE NAUFRAGIOS / SPEAKING OF SHIPWRECKS	60 / 61
AZTLÁN ENTONCES / HOMELAND	62 / 63
SÓLO GENTE / WE THE PEOPLE	66 / 67

Silent Tenants / Inquilinos Mudos

por / by
Alberto Roblest

translated by
Maritza Rivera

EVOLUCIÓN IDIOMÁTICA

    La Torre de Babel
    está dañada
    una fractura
    baja del tercer nivel hasta su sótano
    donde el agua gotea
    sobre charcos antiquísimos
    de materia negra y aceitosa
    que ondula lentamente entre brillos de espejo
    y vibraciones del incesante
    ir construyendo de los hombres
    muchos   muchísimos   pisos arriba
                                           en espiral
cual abecedario de dos cabezas.

IDIOMATIC EVOLUTION

The Tower of Babel
is broken
a crack
descends from the third floor to the basement
where water drips
into ancient puddles
of a black and oily substance
that slowly swirls between the brilliant reflections of mirrors
and incessant vibrations
constructed by men
many   many   floors high
                            spiraling
like a two-headed alphabet.

BAILE DE SOMBRA

Clara / la chica de la limpieza
se colocó debajo del haz de luz
sobre el proscenio / del teatro de la vida
su sombra recortada por la mitad
se tendió en el piso de madera
Clara se reclinó
como si estuviera agradeciendo
a las butacas vacías / su presencia
caminó por el círculo de luz
y después comenzó a bailar lentamente
una música que le evocó a su abuela
Clara comenzó a soñar / a mover los labios
a tararear esa melodía que recordaba...
De pronto la invadió una gran nostalgia
pues la nostalgia / si bien es cierto es causada por los recuerdos
no siempre es así / existe una nostalgia presente
una nostalgia por uno mismo
es cómo salirse y verse desnudo
sin caretas / de frente
como un actor sin maquillaje en un espejo iluminado

Le dieron ganas de llorar
quizá su sombra era una otra parte moribunda de su ser

Con cinismo descubrió que ya no importaban los planes
los castillos de arena construidos en la playa
　/ el escenario en el aire
el regreso / el doble adiós / el país hecho recuerdo

El teatro y todo adentro se fue llenando de humo
la sombra de Clara pareció asfixiarse y salió de la luz

SHADOW DANCE

Clara / the cleaning lady
stepped into the beam of light
onto the stage / of the theater of life
her shadow cut in half
draped across the wooden floor
Clara bowed
as if she were thanking
the empty armchairs / her semblance
walked around the circle of light
and then began to dance slowly
to music that invoked her grandmother
Clara began to dream / to move her lips
to hum that melody she remembered...
Suddenly a great longing possessed her
the kind of nostalgia / that some say is caused by memories
that isn't always the case / there exists a present longing
the longing for oneself
that is like an out-of-body experience and seeing oneself naked
without masks / facing forward
like an actor without makeup in a lighted mirror

She felt like crying
perhaps her shadow was another part of her lifeless self

With despair she discovered that plans no longer mattered
the sandcastles on the beach
   / the stage in the air
the return / a long goodbye / the homeland remembered

The theater and everything in it filled with smoke
Clara's shadow seemed to choke and leave the light

Clara tomó del montón de sillas apiladas / una sobre otra
la que tuvo a la mano / la cargó con sus brazos
y la acomodó sobre el círculo de luz que se iba cerrando
tomó asiento
entonces con mucho cariño se abrazó a sí misma
a lo que quedaba de su sombra

Clara la que limpia el sudor de los actores
la que sacude lo que ha quedado de los personajes
la que junta los monólogos y los deposita en la basura.

Clara took a stack of folding chairs / one on top of another
she carried the closest one / in her arms
and arranged it in the circle of light that was closing
and took a seat
then she affectionately hugged herself
and what was left of her shadow

Clara who cleans up the sweat of actors
who dusts off what is left of their characters
who gathers their monologues and throws them in the trash.

SUPER 8 POEMA

Hay poemas que son como viejas
películas caseras

Deslavados por el recuerdo
con brincos / cuadros blancos
rayones y problemas de eje
A veces de secuencia
de montaje
y en otras con graves
problemas de foco

A veces resultan impresiones en blanco y negro
un fragmento en la vida de un individuo
Poco son los poemas en tecnicolor
de gran estreno y palomitas
El color se desvanece

La mayoría se guardan
en los sótanos / los clósets
los baúles de nogal
las maletas viejas
las latas en las bodegas
el cuarto de los trebejos
el cofre en el fondo de la escalera

Sin duda hay poemas que son como viejos filmes
partes veladas / cortes repentinos
la aparición del abuelo haciendo un gesto muy feo
a veces sin historia

En otras / sin sonido.

SUPER 8 POEM

There are poems that are like old
home movies

Faded by memory
that skip / have blank spots
scratches and balance problems
Sometimes the sequence
the montage
and other images are seriously
out of focus

Sometimes they appear as black-and-white images
a fragment in someone's life
Few poems are in technicolor
with a grand premiere and popcorn
The color fades

Most are stored
in the basements / the closets
the walnut trunks
the old suitcases
the tins in storage
the game room
the chest at the bottom of the stairs

Without a doubt there are poems that are like old movies
with veiled parts / sudden cuts
the appearance of a grandfather making a vulgar gesture
sometimes out of context

And others / without sound.

DOS MOMENTOS — DOS CIUDADES

Voy en el tren metropolitano
en la línea naranja de un mapa adherido junto a la ventana
rostros / reflejos en los cristales
gente que baja y sube — y queda arriba — se mueve
Hemos salido de las entrañas de la ciudad
y ahora vamos sobre la epidermis
barrios pasan / edificios con cientos de ventanas
como seres con ojos en eterno insomnio

La risa de los jóvenes y sus anodinas bromas
la vida que avanza / el tiempo que se desliza
el borracho que empina su botella a discreción
la mujer que come de su bolsa de comida chatarra
sin impudicia y no puede parar / el que habla solo

Pero también el idiota que platica con la chica linda
y me produce envidia / ella ternura
El afroamericano vestido de fosforescente
que repite en voz alta lo que sus audífonos le gritan
El guatemalteco sumido profundamente en sus pensamientos
La voz del que anuncia la siguiente estación por las bocinas
El grupo de chicas de pestañas grandes y cabellos rosas y verdes
que se aglutina en la puerta de salida
En mi mente el español y el inglés se dan un abrazo

Cruzamos puentes / abajo avenidas
A través de las ventanas carros y más carros / camiones
la parte trasera de viejas fábricas / bodegas industriales
algunas carreteras / complejos de *self storage*
arterias que forman intersecciones / campamentos de *homeless*

TWO MOMENTS — TWO CITIES

I'm riding the Metro
on the orange line of a map hung next to the window
faces / reflections on the glass
people going up and down — and staying up — moving
We exit the city's entrails
and now crawl onto its skin
passing neighborhoods / buildings with hundreds of windows
like beings with the open eyes of eternal insomnia

The laughter of kids and their dumb jokes
the life that passes by / as time slips away
the drunk who tilts the bottle at his discretion
the woman who eats shamelessly from a bag of junk food
and cannot stop / the one who talks to himself

There's also the fool who talks to the pretty girl
and makes me jealous / her tenderness wasted
The African American dressed in phosphorescence
who repeats loudly what his earphones yell
The Guatemalan profoundly lost in thought
The voice on the loudspeaker that announces the next station
A group of girls with long lashes and pink and green hair
who gather at the doors
In my mind English and Spanish embrace each other

We cross bridges / avenues below
Through the windows cars and more cars / trucks
the rear of abandoned factories / industrial storage
some roads / self-storage complexes
streets forming intersections / homeless encampments

el tren en sentido inverso que cruza como un rayo
    / los durmientes

El sonido / el murmullo de los usuarios
el tren tarde en el tiempo que no se detiene
la ola de frío que entra por las ventanas
la luz neón impávida / como las gentes aisladas en
    sus propios mundos
sumidos en sus teléfonos / haciendo como que
    nadie más existe
"Sí soy, es porque quiero no verte" es la consigna

La vida que se repite y roba un poco de aquí y de allá
del universo redondo de un mediocre paraíso
                        a buena velocidad
Hombres regresando a sus escondites
saliendo de ciudad rápida a dormir cerca
ciudad costosa / exclusiva / de unos cuantos
imposible de alcanzar
y para cuando la gentrificación nos alcance

Otra vez la vida que se mueve en el mismo
    tren subterráneo de siempre
de todos los días / después de un mes más / aquí un año
más tarde allá una década / más allá / más lejos
entre el proceso de adaptación / y el de mimetismo

hasta ser sólo un recuerdo / y después ni eso
quizá apenas una amarillenta fotografía de venta en una
    tienda de segunda
entre cachivaches viejos y sofás oliendo a orines de gato

the train traveling in the opposite direction whizzes by
   / those who sleep

The sound / the murmur of passengers
the train that's running late and doesn't stop
the cold gust of air that comes in through the windows
the fearless neon light / people isolated in
   their own worlds
engrossed in their phones / pretending that
   no one else exists
"If I exist, I no longer see you" is the password

The life that repeats itself and takes a little from here and there
from the universe from a mediocre paradise
                    at good speed
Men returning to their hideouts
quickly leaving the city to sleep nearby
costly city / exclusive / for a few
impossible to reach
once gentrification catches up to us

Again life that moves on the same
   subway as always
every day / after another month / now a year
later / then a decade / much farther / beyond
between the process of adaptation / and mimicry

until it becomes a mere memory / and later not even that
perhaps not even a yellowish photograph on sale at a
   thrift store
amongst old knickknacks and cat-urine-smelling sofas

En lo que respecta a mí en el presente:
voy en camino a mi segundo turno / a mi jale de los miércoles
y como siempre y por alguna maldición o algo
   ... estoy tarde.

What concerns me now:
I'm on my way to my second shift / my Wednesday job
and like always and for some unforsaken reason or another
   ...I'm late.

BILINGÜE:
FRASES ESPARCIDAS — LETRAS

A

Dice un viejo dicho:
no es el olvido / es el viento el que se lleva las palabras
Estoy sentado en una banca del subway de Washington DC
   vía a Silver Spring
     train tracks   signs   station   silence
Es tarde / hace frio / sopla el viento /
   añoro una cobija caliente
nuevamente las palabras vuelan y al hacerlo se posan
   sobre los objetos
y los objetos cobran vida
     train tracks   signs   station   silence   nobody
Habló para mí en otro idioma / practico
mientras trato de abrigarme / voy a casa después de mi clase
recuerdo a una chica a la que amé / mi primer gran amor quizá
me abraza / caminamos por la calle
su risa es una melodía / un cristal / una cascada / un suspiro
Ya lo dijo un filósofo: *la memoria es el laberinto de la razón*
   espejo / humo / realidad alterna / neblina
el tren está tarde / soy el único en el andén
me rodea la noche y todavía en mi mente al hablar traduzco.

B

Estoy en un punto / en un impasse del tiempo
aprendiendo otro idioma
soy un inquilino mudo en un edificio de palabras
un rascacielos / una Babel
A mi derredor un reflejo

BILINGUAL:
SCATTERED PHRASES — LETTERS

A

An old saying goes:
it's not the forgetting / but the wind that blows the words away
I am sitting on a bench at the Metro in Washington D.C.,
    heading to Silver Spring
      train tracks   signs   station   silence
This afternoon / it's cold / the wind is blowing /
    I yearn for a warm blanket
the words blow away again and rest
    on objects
and the objects gain life
    train tracks   signs   station   silence   nobody
I talk with myself in another language / I practice
meanwhile I try to bundle up / I'll go home after class
I remember a girl I once loved / my first great love perhaps
We embrace / as we walk down the street
her laugh is a melody / glass / a waterfall / a sigh
A philosopher once said: *memory is the labyrinth of reason*
    mirror / smoke / an alternate reality / fog
the train is late / I'm the only one on the platform
night surrounds me, yet, still, in my mind, I translate as I talk

B

I'm at a point / where time is at a standstill
learning another language
I'm a silent tenant in a building of words
a skyscraper / a Babel
Around me a reflection

una imagen que puede atravesarse / sobre imponerse
estoy reconstruyendo el día anterior antes de llegar
    a la estación dónde me bajo
es otra vez de mañana / voy al jale / siempre
    voy o regreso del trabajo

El presente progresivo es aquí / el regresivo en mi mente
Pienso que siempre cuando algo vuelve a erigirse /
    eso todo mundo lo sabe
un rompecabezas / un puzzle / un edificio / una carta / una vida

              algunas piezas quedan sueltas...

c

Estoy reconstruyendo mi vida con imágenes de viejos sueños
Estoy en la estación donde siempre un afroamericano se baja
por la misma puerta y a la misma hora de la tarde
y nos saludamos / sin hablar / con la cabeza /
    con los ojos a veces

Todo alrededor de mi tiene un baño de insecticida
de veneno para los roedores / de aerosol artificial
Nada es de presente / el vocablo no existe
sólo son imágenes / sufro un desprendimiento

Ese tipo a la espera del tren
— en las cámaras de vigilancia —
parezco ser yo.

an image that can go through itself / overimpose
I'm recalling yesterday before I arrived
   at my station
it's morning again / I'm going to work / I'm always
   going or coming from work

The present progressive is now / the past in my mind
I always think that when something is redone /
   and everyone knows this
a puzzle / a building / a letter / a life

                          some pieces become loose

c

I'm rebuilding my life with images of old dreams
I'm at the station where an African American always gets off
through the same door and at the same time of the afternoon
we greet each other / without speaking / we nod our heads /
   sometimes our eyes meet

Everything around me smells like insecticide
of rat poison / an artificial aerosol
Nothing is present / words don't exist
there are only images / I feel detached

It's like waiting for the train
the guy on the security cameras
looks like me

D

La voz del poeta baja de tono
hasta hacerse imperceptible
Se le ve gesticular / abrir la boca / manotear
sin que sonido alguno salga de su ser
El ruido ambiente del andén bajo tierra
   va subiendo de volumen
y la llegada del tren y mucha gente cortan
   la imagen del poeta
ahora mudo / aunque con otra lengua / en dos lugares /
   es *rush hour*

Escarba en sus ojos / necio /
   se le escapa la palabra que busca
no la encuentra en el logogrifo de su mente / ni en
   la punta de la lengua

El poeta se halla en medio del ruido /
   la indiferencia generalizada
el olvido / la apatía / y todo lo que se llevará el tiempo

El poeta en tanto sigue ascendiendo en su mundo
   de significados
por una escalera de palabras con la intención
   de salir a la superficie
                   en alguno de sus dos idiomas.

D

The voice of the poet lowers its volume
until it becomes imperceptible
You can see the gestures / the open mouth / charades
without making a single sound
The ambient noise of the platform below ground
    becomes louder
the arrival of the train and the crowd of people obscure
    the image of the poet
now silent / although in another language / in two places /
    it's rush hour

He rubs his eyes / feels foolish /
    the word he is searching for eludes him
and can't find it in the fragments of his mind / or on
    the tip of his tongue

The poet finds himself in the middle of the bustle /
    generalized indifference
oblivion / apathy / and everything time will take away

The poet continues his ascent into his world
    of meaning
on a ladder of words with the intention
    of surfacing
                           in one of his two languages.

DEDICATORIA
*a los poetas malditos del mundo

Poesía:
qué no el mar de la tranquilidad
sino la bulla
el ruido
las olas de voces
el eco repetido en las montañas
como réplica los gritos / la voz alzada
como quién entra en un debate

Poesía:
que no el cómodo sillón
sino la silla de tres patas / la cama de piedra
la marea alta llegando inesperadamente a tierra
el murmullo trepidante
la boca llena de espuma
un barco bamboleándose en el agua
en el embarcadero / la lluvia
...todo el amor del mundo en una fiesta /
   la pasión en una cama
                       Poesía: idioma aparte en las nubes.

DEDICATION
to all the cursed poets of the world

Poem:
not the tranquility of the sea
but the din
the noise
the wave of voices
the repetitive echo in the mountains
a replica of screams / the loud voice
like entering into a debate

Poem:
not the comfortable armchair
but the chair with three legs / a bed of rock
high tide arriving unexpectedly on land
the excited murmur
a mouth full of foam
a boat wobbling in the water
on the pier / rain
...all of the love in the world in one party /
   all the passion in one bed
                    Poem: language apart, in the clouds.

LA HISTORIA QUE SE CUENTA

En algún lugar remoto / una mujer
hurga en los diccionarios hechos obsoletos por la tecnología
los diccionarios triturados por la máquina
pretende encontrar las palabras adecuadas
para describir la historia / de su propia cuarentena

Une los fragmentos de un relato
con fotos rescatadas de una tienda de segunda
y los recuerdos que le quedan
de lo que sucedió alguna vez
en algún tiempo
en alguna ciudad

narra la experiencia de una inmigrante
que nunca termina de llegar
y cuando pretende irse
no puede

entonces
pájaros escapando de un poema sin jaulas
significados dispersos en el ciberespacio
mensajes corrompidos por malentendidos
películas caseras veladas por los años
Sensaciones

A la distancia
otra mano hilvana símbolos
desde el otro extremo
      de la misma historia

THE STORY THAT IS TOLD

In some remote place / a woman
rummages through the dictionaries made obsolete by technology
dictionaries shredded by machines
she pretends to find adequate words
to describe the story / of her own quarantine

She ties the fragments of one tale
with photos rescued from the thrift shop
and the memories she can still recall
of what happened once
at some time
in some city

she narrates the experiences of an immigrant
who never ends his journey
and when he attempts to leave
he can't

then
escaped birds from a poem without a cage
meanings spread in cyberspace
messages corrupted by misunderstandings
home movies faded by time
Sensations

At a distance
another hand threads symbols
from the other extreme
     of the same story

es la conversación para un poema
que a pesar de los husos horarios / se escribe
de final a principio y a la inversa
y se hace conversación / y sentimiento
Con todo y las torres de vigilancia
las aplicaciones digitales maliciosas
las trampas corporativas...

Un relato / un diálogo
un mensaje de texto abundante en adjetivos
y pleno de diminutivos / binarios
      cual latidos del corazón.

in the conversation for a poem
that despite time zones / is written
from the end to the beginning and backwards
and becomes conversation / a feeling
Regardless of security software
the infected digital malware
corporate traps...

A story / dialogue
a text message abundant with adjectives
and full of abbreviations / binary
         beats of the heart.

A TODO COLOR

Si hay vino rojo
pinturas rojas
cuartos de hotel rojos
> *¿porque no poesía roja?*

No de sangre / nunca
la poesía y la violencia no se llevan
hablo: de poesía roja como las banderas de las antiguas
   luchas sociales
       la caída de los grandes mitos / y los tabúes
Roja como los gritos de triunfo
Roja como la felicidad
la rebeldía / pero también el parto

Sí hay noticias rojas
falsas / exageradas / de conspiración e insustanciales
y mucha poesía color vainilla con tendencia a la balada
porque no:
      una alfombra roja de palabras
de adjetivos / a tus pies / palabras rebuscadas /
   con alas / profundamente rojas
como la pasión que jamás olvidaré
los besos
los susurros al oído
los secretos de uno y de otro

Roja como todo lo que teñimos
después de enamorarnos
Roja como un cuadro abstracto
de manchas y goterones que pinté

IN FULL COLOR

If there is red wine
red paint
red hotel rooms
    why not red poems?

Not red blood / never
poetry and violence don't get along
I mean: of poetry red like the flags of ancient
    social struggles
        the fall of great myths / and taboos
Red like the yell of victory
Red like happiness
a rebellion / but also a birth

There is red news
False / exaggerated / of conspiracy and unsubstantiated
and a lot of vanilla colored poetry with ballad tendencies
why not:
      a red rug of words
of adjectives / at your feet / rummaged words /
    with wings / deeply red
like the passion that I'll never forget
the kisses
the whispers in the ear
secrets shared

Red like everything we dye
after we've loved
Red like and abstract painting
of splotches and drips I painted

Escribo con tinta roja / la última en el tintero
este poema en torno a lo que pasó entre nosotros
aquel otoño de árboles de hojas rojas
en una ciudad al norte de Massachusetts
en aquella cabaña perdida en el bosque que nos prestaron

De todo / no puedo quitarme de la mente la luz dorada
   del atardecer
yendo de un lado a otro y sobre nosotros en la cama.

I write in red ink / the last one in the inkwell
this poem is about what happened between us
that fall with red leaves on the trees
in a city in north Massachusetts
we met in that cabin lost in the woods

Of everything I can recall / I can't erase the golden light
    of sunset
following us from one side to the other as we lay in bed.

MEDICADO

Lo que me sostiene
Es el medicamento
Lo sudo — lo apesto
Dos pastillas de 400 miligramos
Cada noche   /   para no soñar
Pero más que nada para despertar

Predicamento-medicamento
No alcohol / no humo   NO
Pero el medicamento
De 400 pesos — 20 dólares / 25 pastillas
Medio mes / droga prescrita
No soy un adicto / soy un paciente
Impaciente / voy
Enriqueciendo a los laboratorios
al hospital / la farmacia / al doctor
la aseguranza / al fisco / y a quien sabe quién más
Me debo a mi medicamento

No voy a la esquina de New Avenue y Rhode Island
a ver a las chicas de botas altas / o a mis contactos
    de gafas oscuras
sino al consultorio
Me pongo la bata y el policía de la entrada
    me saluda
Soy el medicado / el enganchado

Sobre una pastilla
        en forma de medicina
Voy como un náufrago

MEDICATED

What sustains me
Is the medication
I sweat it — I stink it
Two 400 milligram tablets
Each night   /   so I don't dream
But most of all so I can wake up

Predicament-medication
No alcohol / no smoke   NO
But the medication
Costs 400 pesos — 20 dollars / 25 pills
Mid-month / prescription drugs
I'm not addicted / I'm an impatient
Patient / I am
Enriching the laboratories
the hospital / pharmacy / the doctor
the medical insurance / the treasury / and who knows who else
I owe for my medication

I don't go to the corner of New Avenue and Rhode Island
to see the girls in high boots / or my contact
    in dark sunglasses
instead I go to the exam room
I put on the hospital gown and the police officer at the entrance
    greets me
I am medicated / hooked

On a pill
        in the form of medicine
I'm like a castaway

bajando los rápidos
esquivando hasta donde puedo el impacto

La ola
      mi adicción.

riding the rapids
avoiding impact as much as possible

The wave
      my addiction.

HOMENAJE A OCTAVIO PAZ
*a Enrique Palma, in memoriam

I

Me estoy poniendo como un árbol
con la corteza dura y los brazos
medio caídos a los costados
mi sombra ha crecido
larga / larga
Me siento pesado / cargado
de hojas / nidos / escondites
y ruido de pájaros / entre otros animales
el agujero de una ardilla
la metamorfosis del gusano

Un roble tosco arrugado
de piel áspera y resinas
brotando de los poros
el tiempo que echa raíces
el tiempo con todos sus otoños
días noches años / tiempo sin tiempo
sombra interior / árbol adentro.

II

Cada palabra es la continuación
de otra
su proyección
el paso a paso

Cada palabra contiene a la anterior
a la primera letra

HOMAGE TO OCTAVIO PAZ
for Enrique Palma, in memoriam

I

I'm becoming a tree
with a hard bark and arms
half fallen to my sides
my shadow has fallen
long / long
I feel heavy / loaded down
with leaves / nests / hiding places
and bird noises / among other animals
the burrow of a squirrel
the metamorphosis of a caterpillar

A coarse wrinkled oak
of rough skin and syrup
flowing from its pores
time that grows roots
time with all of its autumns
days nights years / time without time
interior shadow / a tree within.

II

Every word is a continuation
of another
a projection
a step by step

Each word contains the previous one
the first letter

el jeroglífico en la cueva
el primer trazo
el primer relámpago gestual
su reproducción
como la respuesta
a la pregunta
y el lenguaje al vocabulario

palabra:
sombra extendida.

the hieroglyphics on a cave wall
the first trace
the first lightning gesture
its reproduction
like the answer
to a question
and language to vocabulary

word:
an extended shadow.

AMOR RECÍPROCO

Dormida / despiertas / caminas
el camino se forma a cada paso tuyo
se construye / a la luz de tus ojos
continúa conforme avanzas / un camino iluminado
gotas de agua escurren de una rosa
y refulgen en la noche como piedras preciosas

Mientras duermes / flotas
yo tiro los anclajes para que no salgas
volando por la ventana / y me abandones
para que otro hombre no intenté tirar sus redes
para que nadie te confunda con un pájaro y te dispare
para que nadie te atrape / o te haga daño
anclada al fondo
                    te tengo = me tienes
                    y así dormimos.

RECIPROCAL LOVE

You sleep / awaken / walk
each of your steps creates a path
builds it / in the light of your eyes
it continues conforms advances / becomes a lit path
drops of dew drain from a rose
and brighten the night like a precious stone

While you sleep / you float
I cast anchors so you don't escape
drifting out the window / and abandoning me
so that another man does not attempt to cast his net
so that no one mistakes you for a bird and you disappear
so that no one can trap you / or hurt you
anchored to the bottom
                I have you = you have me
                and like this we sleep.

EL PUNTO Y EL RELATO

Como quien termina una frase / de pronto
un gran punto cayó del cielo
haciendo un cráter inmenso en medio del campo
Lo rodeamos /   era redondo / lustroso y negro /
   cuasi metálico

El punto principio de la geometría • como una
   aparición en el plano
Su presencia inexplicable nos dejó mudos
no podía ser un asteroide / eso era evidente / concluimos
No hubo radiactividad ni presencia de
    agentes contaminantes
      consta en acta según las pruebas peritales y de forense

Algunos dijeron que era una coma , entonces
se desató la controversia / especulamos
Escarbamos con picos y palas
En definitiva   un PUNTO   sin más   fin de la discusión

"Debemos llevarlo a algún lado, no puede quedarse aquí /
   no es el fin del relato"
dijo alguien / otro sugirió / hubo argumentos /
   quejas / y al final un acuerdo a medias
Lo arrastramos con intención de ponerlo en
   el centro de la plaza
dado su elemento escultórico y gran volumen
   ¿Qué más hacer con él?
Nos reunimos más de cien de los vecinos y comenzamos
   a moverlo paso a paso
de verdad pesaba   tardamos varias horas   quizá días
que digo: meses   varias generaciones

THE POINT OF IT ALL

Like finishing a phrase / suddenly
a great dot fell from the sky
making a huge crater in the middle of the countryside
We turned it over / it was round / black and shiny /
   almost metallic

The dot marked the beginning of geometry • like an
   apparition on a blank page
Its inexplicable presence left us speechless
it couldn't be an asteroid / that was obvious / we concluded
There was no radioactivity nor presence of
   contaminating agents
   according to the tests and expertise of the forensic scientist

Some said that it was a comma , then
the controversy began / we speculated
We dug with shovels and picks
Definitely   a DOT   no more no less   end of discussion

"We should take it somewhere, it can't stay here /
   it's not the end of the story"
someone said / another suggested / there were arguments /
   complaints / and finally a compromise
We dragged it with the intention of taking it to
   the center of the town
considering its structural elements and monumental size
   What else can we do with it?
More than a hundred neighbors gathered and we began
   to move it step by step
it was really heavy   it took several hours   maybe days
actually: months   many generations

El trabajo se convirtió en verbena   / y ésta en vida
    nos distrajimos   nos concentramos   nos atontamos
        Se hizo la línea _____
La curva / trazos muchos / tildes / un laberinto
La elección fue nuestra
para cuando nos dimos cuenta
       estábamos cercados…
       dentro de un enorme **garabato** / sin salida
       con un muro construido por nosotros mismos
       bloqueada la salida con un punto.

The work became a festival   / that still lives on
  we were distracted   we concentrated   we were dazed
        The line was formed _____
The curve / many traces / accents / a labyrinth
The choice was ours
and by the time we realized it
        we were fenced in...
        inside an enormous **scribble** / with no exit
        we walled ourselves in
        blocking the exit with a dot.

MÚSICA PARA LOS OIDOS
(farsa trágica)
a los músicos y a los bailadores

Escuchó salsa por una hora ya estando muerto
    Mientras se iba enfriando
    Mientras se iba desangrando
    Mientras la noche caía en picada en el kilómetro 123
La música siguió entrando por sus oídos a través de
  los audífonos

El carro destrozado
Las señales de la carretera arrancadas de raíz
Dos enormes líneas negras sobre el asfalto
Parte de una salpicadura / cristales y la puerta
sobre el cuerpo de un árbol
El resto trescientos metros cañada abajo
cien decibeles de timbales
y sólo de bongo   prum prum prum
                                  sólo de silencio

Una sirena como parte del audio
La música ligeramente más abajo
cuando llegó el servicio de emergencias
chatarra / aceite / humo / sangre / olor a gasolina
El mundo   volteado de cabeza
trabajo de varias horas / frío de bajo cero
                       a lo lejos la ciudad de Ítaca

Cuando su cuerpo inerte fue sacado de los escombros
la música era ya apenas audible / como un alma
que demorara en despedirse

MUSIC FOR LISTENERS
(a tragic farce)
*for the musicians and the dancers

He heard salsa for an hour after he died
    While rigor mortis set in
    While he exsanguinated
    While night fell to pieces on kilometer 123
The music kept playing in his ears through
  his headphones

The car totaled
The signs on the road ripped out by their roots
Two huge black lines on the asphalt
Part of the rubble / glass and a door
on the body of a tree
The rest of the car three hundred meters downhill
timbales at one hundred decibels
a bongo solo   prum prum prum
                              a solo of silence

A siren becomes part of the sounds
The music slightly lower
when the first responders arrive
mangled metal / oil / smoke / blood / the smell of gasoline
the world   turned upside down
it took several hours / in below freezing temperature
                     in the distance the city of Itaca

When his lifeless body was removed from the rubble
the music was barely audible / like a soul
that delays its departure

Finalmente, las pilas murieron
diez minutos más tarde ya estando él sobre la camilla
   en la ambulancia

La música / dicen los expertos /
   siguió resonando dentro   hasta sus pies
por un buen rato / circulando /
   pulsando hasta el corazón   prum prum prum

Nadie escuchó la sirena cruzar la ciudad
    muy de mañana   la primera del día

La sonrisa le siguió hasta que entraron al hospital
      al otro mundo
                        Bailando seguramente.

Finally, the batteries died
Ten minutes after he was already on the stretcher
   in the ambulance

The experts say / the music /
   kept playing inside   down to his feet
For a good while / circulating /
   pulsating in his heart   prum prum prum

No one heard the siren cross the city
   in the early dawn   the first of the day

The smile remained until he entered the hospital
      the other world
                                    Surely dancing.

T

EMIGRADOS

*a los compas y vecinos

Sin rostro camino
sin huellas de las manos trabajo
escondido corro de un lugar a otro
tratando de hacerme invisible
       de pasar desapercibido
          de no levantar la voz
tratando de no abrir la boca

Tratando
voy construyendo algo
que nadie se da cuenta y nadie más percibe
soy sin ser   una persona
entre las sombras trato de esconderme de los policías
de los oficiales de migración / y los gandallas
de los hombres racistas y con pistolas
que me miran con odio

me muevo sin saber quién soy
trabajo y trabajo acumulando dolores
más que dólares
vejez y algo qué se llama tristeza
hace muchos años qué no voy a mi país
hace muchos otros que no veo a mi familia
y hace muchísimos más qué mis ancestros
dejaron esta tierra para regresar al círculo vicioso
en dónde estoy atrapado: el ir y venir del trabajo

De la masa de gente extiendo una mano para saludar
pero como no tengo sonrisas
nadie me responde al saludo

EMIGRANT

to friends and neighbors

I walk without a face
without fingerprints I work
hidden I run from one place to another
trying to become invisible
        to walk by unnoticed
        to not raise my voice
trying to keep my mouth shut

Trying
I am building something
That no one notices and no one else perceives
I am without being   a person
Between shadows I try to hide myself from the police
The immigration officers / and the offenses
of racist men carrying guns
that look at me with hate

I move without knowing who I am
work and work accumulating more pain
than money
getting older and something called sadness
it's been many years since I've been to my own country
and many more since I've seen my family
and it's been even longer since my ancestors
left this land to return to the vicious circle
where I'm trapped: the going and coming from work

From a crowd of people my hand gestures a greeting
but since I don't wear a smile
no one greets me back

cuando me veo en el espejo
soy una presencia / cómo mi ausencia de lenguaje
mis ojos y lo que está detrás de mis lágrimas

Estoy en Aztlán la tierra de mis ancestros
la tierra prometida
primero robada por los españoles / los británicos
después por los que vinieron detrás
siempre dominantes / en otro idioma.

when I see myself in the mirror
I see my own presence / like my absence of language
my eyes and what is behind my tears

I am in Aztlan the land of my ancestors
the promised land
first robbed by the Spanish / the British
and later by those who came afterwards
always dominant / in another language.

EL HILO DE LOS DÍAS

*a Gabriel V

Mis días son un trapo húmedo
que se pasea por largos y sinuosos pasillos
Mis días son bajar / subir el elevador
de pesados y altísimos edificios / limpiando
Mis días son polvo acumulado en costosísimos muebles
de elegantísimas oficinas en rascacielos / sacudiendo
alfombras mágicas atornilladas al piso
y botellas de whisky caro con genios dentro
Mis días son papeles sucios en bolsas y *alleys* oscuros
en donde habitan las sombras / las alimañas / aspirando
mis días salen de una madeja de hilo que cose una camisa
Mis días no son mis días / mis días contados / trapeando
mis días son un reloj / la gota constante del
   grifo de un baño público
Mis días son un episodio no televisado del reality show /
   del social media
Mis días como los dedos de las manos
Mis días apenas los domingos mientras trato de entrar por
   el ojo de la aguja
después de tanto hilo perdido / en busca de unos días
         unas horas extras... del sueño americano.

THE THREAD OF DAYS

to Gabriel V

My days are a damp rag
that strolls through long and winding hallways
My days go up / and down the elevator
in heavy and high buildings / cleaning
My days are dust gathered in extremely costly furniture
of elegant offices in skyscrapers / beating
magic carpets secured to the floor
and bottles of expensive whiskey with genies inside
My days are filthy paper in bags and dark alleys
where shadows abide / rodents / breathing
my days are weaved from a skein of thread that sews a shirt
My days are not my days / my days are numbered / mopping
my days are a watch / the constant drip of a
    public bathroom faucet
My days are an untelevised episode of a reality show /
    on social media
My days are like the fingers on my hands
Only on Sunday my days try to thread
    the eye of a needle
after so much lost thread / in search of a few days
              a few extra hours...of the American dream.

PROMESAS INCUMPLIDAS
*a la comadre Gloria T

Aquí cada año cuenta por dos
y mientras me acuesto
mi otro yo   se levanta a trabajar
por un lado   de la cama entro
    y por el otro salgo

Soy dos y me divido
en las horas del descanso
         y el *break*
aunque sigo siendo el mismo
espalda a espalda vamos / ahorrando
enviando dinero a la familia
avanzando o retrocediendo
según quien de los dos
de la cara / al racismo
día / noche / semana / mes
trabajando pasan los años
y mientras duermo trabajo / ahorrando
un iluso   un soñador más
días de joda / de sobarse la espalda como una mula
semanas / años y años / pasa un cometa
dos décadas y meses

uno de mis yo / desaparece en un subterráneo...
    a velocidad de la luz
        trabajando

Una cosa es cierta: la carrera de la vida no da medallas.

BROKEN PROMISES
**to my good friend Gloria T*

Here every year counts for two
and when I go to bed
my other self   gets up to go to work
I get in   on one side of the bed
    and exit on the other

I am two and can divide
In the few hours I rest
        and on my *break*
although I'm still the same
back-to-back we go / saving
sending money to the family
getting ahead / and falling behind
depending on which one of the two
faces / racism
day / night / weeks / months
the years go by working
and while I dream I work / saving
an elusive   one more dreamer
damned days / of rubbing one's back like a mule
weeks / year after year / a comet passes
two decades and months

one of my selves / disappears into the subway...
    at the speed of light
        working

One thing's for sure: the race of life does not award medals.

HABLANDO DE NAUFRAGIOS

Por algo cómo el mar / he llegado / arrastrado por las olas
depositado en Park Avenue
al igual que algunas otras cosas
una concha / esqueletos de aves y peces / ballenas y delfines
una botella sin mensaje dentro / ni remitente
un cofre repleto de especies exóticas
la quilla de un barco rota
el ancla carcomida de mis sueños / la marea

Me pongo de pie / frente a mis ojos
se construyen las avenidas
miro hacia arriba y los edificios crecen
Cierro y abro los ojos mientras aprendo
los objetos surgen inmediatamente poso mis ojos en ellos
ciudad / calles / gente / murmullo humano
gaviotas paradas arriba de los parquímetros
Por el mar / las olas / los billetes verdes... claro
                    la necesidad / el jale / un nuevo idioma
            Palabras mudas repletas de rencor /   olvidándome.

SPEAKING OF SHIPWRECKS

Dragged by the waves / of something like the sea / I've arrived
deposited on Park Avenue
just like other things
a seashell / bird and fish skeletons / whales and dolphins
a bottle without a message in it / nor money
a treasure chest filled with exotic species
the keel of a broken ship
the decayed anchor of my dreams / the tide

I stand up / before my eyes
streets are paved
I look up and buildings grow
I blink my eyes as I learn
Objects appear and I immediately focus my eyes on them
city / streets / people / the murmur of humans
seagulls perched atop parking meters
On the sea / the waves / green dollar bills...of course
                            necessity / work / a new language
   Silent words capsizing with resentment / forgetting me.

AZTLÁN ENTONCES

Antes / Aztlán
Antes de las deportaciones masivas /
   los niños en jaulas para animales
antes del muro y la muralla detrás /
   antes de la cacería de brujas
los dronos / los rifles / antes de los supremacistas blancos
y el bufón naranja lleno de odio

Antes / Aztlán
el de las tribus originarias
Aztlán
antes de la invasión europea
el de todas las lenguas precolombinas
el de los dioses amantes de la naturaleza
dios del fuego / dios de la lluvia / dios de la tierra
El lugar extinto / el de las flores y el sonido de los caracoles

Aztlán
el del origen de todas las tribus
y los lenguajes originarios de este continente
antes del inglés / el francés y el español
educados a sangre / latigazos / dolor y abuso
antes de las reservaciones indias
antes de la esclavitud y la segregación
antes de la Unión y la des-Unión

Antes muchísimo antes

Aztlán
un lago cristalino lleno de agua
insectos / canto de pájaros / murmullos de peces

ONCE HOMELAND

Once / Aztlan
Before the massive deportation /
    children in animal cages
before the wall and the fence behind it /
    before the witch hunts
the drones / rifles / before the white supremacists
and the orange buffoon of hate

Once / Aztlan
of native tribes
Aztlan
before the European invasion
of all the pre-Columbian languages
of nature-loving gods
fire god / rain god / earth god
The extinct place / of flowers and the sound of seashells

Aztlan
the origin of all tribes
and native languages of this continent
before English / French and Spanish
educated by blood / the lash of whips / pain and abuse
before Indian reservations
before slavery and segregation
before the Union and the dis-Union

Before much longer than before

Aztlan
a crystalline lake of water
insects / bird songs / fish murmurs

animales y vegetación por todas partes /
la madre tierra en plenitud...

pero el progreso / la inversión / el crecimiento / la expansión.

animals and vegetation everywhere /
   a plentiful mother earth

      but for progress / investment / growth / expansion.

SÓLO GENTE

Los hombres
pardos / oscuros / transparentes / invisibles /
   humillados / vapuleados
deslavados / exprimidos / estrujados / pisoteados /
   reducidos
hechos polvo / sudor / arena / los hombres en serie /
   en montón
los hombres del trabajo sucio / mal pagado / ajeno
el dinero arrugado / la ropa usada / mojada /remendada
descolorida / de segunda / en barata

Nosotros   /   *trabajadores esenciales*
los hombres nocturnos / el número / la cruz en
   la frente
el naufragio / el salto de mata / la sombra
Los que corremos a escondernos
los explotados / mal paridos / mal parados
aquellos que alguna vez recordamos los otros
como aquellos que llegaron del Continente de la Nada
Nosotros / sin voto / ni representantes / sin voz /
   sin / sin
excepto el coraje / el deseo de sobrevivir / salir adelante
   —pero también el miedo / la muerte / la necesidad—
Los tránsfugas / transgresores / tragadores
Por / para / pero el hambre
Los necesitados /   sólo gente.

WE THE PEOPLE

Men
brown / dark / invisible /
   humiliated / beaten
half washed / wrung out / wrinkled / stepped on /
   diminished
made dust / sweat / sand / one after another /
   mixed together
the men of dirty jobs / low wages / foreign
wrinkled money / used clothes / wet / mended
faded / second hand / cheap

We   /   *essential workers*
nocturnal men / the number / the sign of the cross on
   his forehead
the castaway / from hand to mouth / the shadow
Those who run and hide
the exploited / unwanted / low in station
those who sometimes remember the others
like those who arrived from the Continent of Nothingness
Us / without vote / or representation / without a voice /
   without / without
except for courage / the desire to survive / get ahead
— but also fear / death / poverty —
The fugitives / offenders / those who swallow their pride
By / for / but hunger
The needy /   the people

ABOUT DAY EIGHT

Day Eight's vision is to be part of the healing of the world through the arts, and our mission is to empower individuals and communities to participate in the arts through the production, publication, and promotion of creative projects.

Day Eight's programming includes an online magazine, poetry events, live arts programming, book publishing, arts journalism, and education programs for children and youth.

Example 2023 projects include:

The DC Arts Writing Fellowship was created to support early career arts writers. The project is conducted in partnership with local news outlets including Tagg Magazine and The DC Line. An annual conference brings together leaders in the field of arts journalism.

The DC Poet Project is a poetry reading series and open-to-all poetry competition that supports the professional practice of poetry. The 2020 instance of the DC Poet Project was produced through support from the Wells Fargo Community Foundation and the National Endowment for the Arts.

Day Eight's projects in local art history included an online archive dedicated to DC's first artist cooperative gallery, the Jefferson Place Gallery.

All of Day Eight's projects are made possible by the support of volunteers and individual donors, including the Board of Directors. To learn more about the organization please visit www.DayEight.org.